AF347187

ERNELINDE,

PRINCESSE DE NORVEGE,

TRAGÉDIE LIRIQUE

EN TROIS ACTES,

REPRÉSENTÉE, POUR LA PREMIERE FOIS,

PAR L'ACADÉMIE-ROYALE

DE MUSIQUE,

Le Mardi 24 Novembre 1767.

Nec Deus interſit.
Hor. Art. Poet.

PRIX XXX. SOLS.

AUX DÉPENS DE L'ACADÉMIE.

A PARIS, Chés DE LORMEL, Imprimeur de ladite Académie, rue du Foin, à l'Image Sainte Genevieve.

On trouvera des Livres de Paroles à la Salle de l'Opera.

M. DCC. LXVII.

AVEC APPROBATION ET PRIVILEGE DU ROI.

Le Poeme eſt de *M. POINSINET*, de l'Académie des Sciences & Belles-Lettres de Dijon, &
de celle des Arcades de Rome.

La Muſique eſt de *M. A. D. PHILIDOR.*

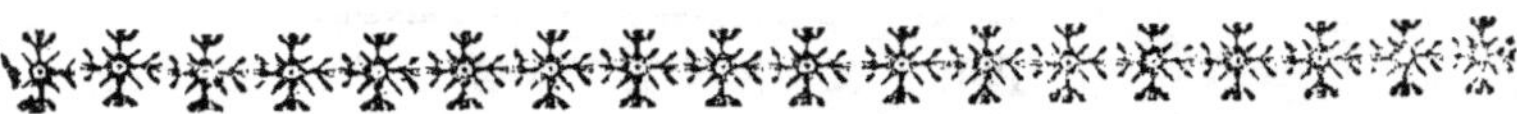

A

MONSEIGNEUR LE COMTE

DE SAINT-FLORENTIN,

MINISTRE ET SECRETAIRE D'ÉTAT.

MONSEIGNEUR;

En vain quelques succès me sembloient devoir enhardir dans la carrière des Arts ; je ne me suis cru digne de cueillir le fruit de mes travaux, que du moment où VOTRE GRANDEUR en a bien voulu recevoir l'hommage. Le sentiment intime de ma foiblesse avoit jusqu'ici borné mon essor ; mais vos bontés ont élevé mon âme. Les grandes idées naissent de l'impression que font en nous les grandes vertus. Eh, quel spectacle plus intéressant & plus sublime que celui du cœur d'un Ministre qui, premier dispensateur envers les Arts des bienfaits du meilleur des Monarques,

4

y femble ajoûter une grâce nouvelle, par le plaisir qu'on voit qu'il éprouve à les répandre ! Voilà le trait qui vous caractérise, MONSEIGNEUR : c'est à lui que vous devés la satisfaction de vous savoir aimé pour vous-même, & la douceur de lire dans les yeux & dans les cœurs de tous ceux qui vous approchent, la reconnoissance la plus tendre, l'attachement le plus inviolable, le respect le plus profond. Si je pouvois multiplier l'expression des sentimens, comme vous aimés à multiplier les grâces, je ne rougirois pas, en ne vous offrant ici que la foible esquisse de ceux avec lesquels je serai toute ma vie,

MONSEIGNEUR,

DE VOTRE GRANDEUR,

Le très-humble & très-
obéissant serviteur,
POINSINET.

AU LECTEUR.

J'AI imité de l'Italien ce Poeme, compôfé par MATHIEU NORIS, *Vénitien*, & repréfenté, pour la premiere fois, à Venife en 1684, fur le théâtre de faint Chrifoftôme, qui étoit alors un des plus fameux de l'Europe. Cet Auteur a joui long-tems, même après fa mort, d'une grande réputation ; nous avons de lui 40 opera, mais celui-ci eft le feul qui fe foit confervé fur les théâtres d'Italie, malgré la viciffitude des goûts & des tems. Je l'ai vu repréfenter à Parme, mis en Mufique par le fieur FERARDINI, Profeffeur à Naples. Le grand intérêt qui me parut réfulter de ce Drame, me détermina d'abord à le traduire, & de retour en France, cherchant à tenter un nouveau genre fur le théâtre de notre *Académie - Royale*, j'ai cru ne pouvoir mieux faire que de l'imiter. Le fameux Abbé METASTASIO m'avoit prévenu ; il en a copié des fcênes entieres, & notament la feptieme du fecond acte, dans fon Adrien : il ne m'en falloit pas davantage pour me convaincre du mérite réel de ce Poeme. Mais quels changemens n'ai - je pas été contraint d'y faire ? Un opera dure cinq heures en Italie, il n'en doit pas durer trois en

France, encore est-il nécessaire d'y insérer au moins
un Ballet par Acte , chôse absolument inconnue
dans l'Opera Italien. A Paris tout se chante ; à Rome , à Londres, à Vienne , les scênes se débitent.
A ces corrections, que la durée horaire & le goût
National m'ont rendu indispensables , j'en ai joint,
que mon goût particulier m'a dictées. Le troisieme
acte n'a aucune ressemblance avec l'original. Dans
l'Italien , la Princesse devient folle, prend le tiran
pour le Dieu Neptune , & débite mille extrava-
gances, à-peu-près comme dans l'Hamlet de Sakeas-
peare , où la tête tourne au Prince, qui prend le Ministre du Tiran pour un rat qui fuit derriere une tapisse-
rie. Il m'a fallu retrancher la double intrigue, &
parconséquent deux personnages ; restraindre infiní-
ment les mutations de scênes, changer même le ti-
tre : enfin , dans le Poeme que je soumèts aujour-
d'hui au Public, il ne reste plus de conformité que
dans les deux premiers actes , avec celui qui m'a
d'abord servi de guide.

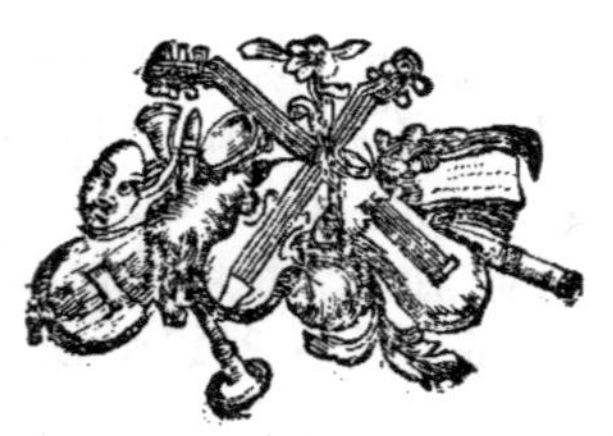

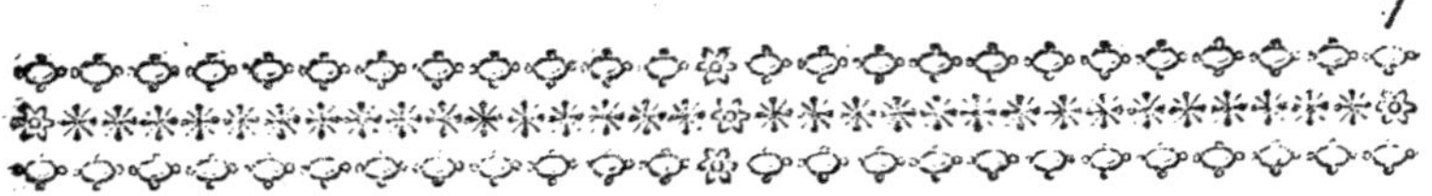

ARGUMENT DE LA TRAGÉDIE,
TRADUIT DE L'ITALIEN.

SItôt que les Sarmates, les Scithes & les autres Peuples qui habitoient les rivages du Glamen & du Nieper, eurent renoncé à la Démocratie ; ils perdirent, avec la forme de leur gouvernement, leur gloire & leurs vertus. Tour-à-tour opprimés par des Tirans heureux, ou persecuteurs eux-mêmes des Rois qu'ils avoient couronnés, le Nord ne devint plus qu'un théâtre de carnage. GRIMOALD, Roi de Norvege, chassé de ses États par ses propres Sujèts, se retira, avec sa fille EDVIGE, auprès de RICIMER, Roi de Suede. RODOALD fut élevé par les Rebelles sur le Trône de Norvege ; mais l'infortune de son rival ne tarda pas à soulever contre lui tous les Souverains du Nord, qui unirent leurs forces à celles de RICIMER, pour rétablir la Couronne sur le front de GRIMOALD. RODOALD pendant une suite d'années, sut résister à ce torrent, & tenir en balance la fortune de l'Empire, successivement vainqueur & vaincu : dans l'un des combats qui suivirent cette grande querelle, il frappa mortellement ALARIC, frere de RICIMER. Dèslors rien ne réussit à calmer l'indignation. Envain la mort naturelle de GRIMOALD donnoit-elle des ouvertures à la paix ; RICIMER ne respiroit que vengeance. RODOALD fut vaincu & jetté dans les fers ; mais l'infidele Roi des

Goths, épris tout-à-coup de la beauté de la fille du Roi de Norvege, promise elle-même à l'héritier présomptif du Royaume de Danemarck, oublia les sermens qu'il avoit faits à GRIMOALD mourant, de remettre le Sceptre entre les mains de la Princesse EDVIGE, & ne rougit point de le vouloir retenir. Cette perfidie indigna ses Alliés, & surtout le jeune Prince de Danemarck, qui avoit en outre l'intérêt de son cœur à défendre. On résolut de briser les fers de RODOALD, avec cette condition qu'il cederoit l'Empire au Prince de Danemarck, qui épouseroit sa fille. EDVIGE renonça volontairement au Trône, & se retira en Boheme, & RICIMER, vaincu à son tour, n'obtint la vie & la permission de retourner dans ses États, qu'en choisissant pour son héritier le même Prince de Danemarck, qui par ce moyen forma la premiere réunion des trois Couronnes du Nord, & fut proclamé Roi du Danemarck, de la Suede & de la Norvege.

ACTEURS

ACTEURS CHANTANTS
DANS LES CHŒURS.

Côté du Roi.		Côté de la Reine.	
Mesdemoiselles.	*Messieurs.*	*Mesdemoiselles.*	*Messieurs.*
Durand.	Albert.	Dagée.	Vaudemont.
La Croix.	Tourcati.	Duprat.	Cailteau.
Delor.	L'Ecuyer.	Lebourgeois.	Héri.
Guillaume.	Paris.	Jouette.	Héri.
Delaiftre.	Touvois	Chenais.	Vatelin.
Beauvais.	Rofe.	Legrand.	Vanheke.
Fontenet.	Robin.	Adélaïde.	Candeille.
Friard.	Antheaume.	Hebert.	Boi.
Héri.	Méon.	Defrofieres.	Laurent.
St. Leger.	Botfon.	Dalincour.	Dupar.
Lemaire.	Cleret.	de Lufignan.	Huet.
Beauffe.	Le Brument.	Ferriere.	Galli.
Richard.	Beghain.	Fauffard.	Narbonne.
des Angles.		Thevenon.	
		Leger.	

B

✳✳✳✳✳✳✳✳✳✳✳✳✳✳✳✳✳✳✳✳✳

ACTEURS CHANTANTS.

ERNELINDE, *Princeſſe de Norvege*, Mlle. L'Arrivée.

RODOALD, *Pere d'ERNELINDE,*
   Roi de Norvege ,   M. Gélin.

SANDOMIR , *Prince Royal de*
   Dannemark ,   M. le Gros

ÉDELBERT , *ami de SANDOMIR,* M. Caſſaignade.

RICIMER , *Roi de Gothie & d'Ingrie ,* M. L'Arrivée.

UNE NORVEGIENNE,   Mlle. du Brieulle.

UN NORVEGIEN,   M. de la Suze.

UN DANOIS,   M. Muguet.

UN MATELOT *Danois ,*   M. de la Suze.

UN LIEUTENANT *de RICIMER ,* M. Cuvillier.

LE GRAND-PRÊTRE *de MARS ,* M. des Noyers.

SACRIFICATEURS.

LA GRANDE-PRÊTRESSE *de VÉNUS,* Mlle. du Plant.

PRÊTRES.

PEUPLES *de la Norvege.*

SOLDATS. { *Norvegiens.*
             { *Danois.*
             { *Goths & Ingrois.*

GARDES.

MATELOTS.

FEMMES *Norvegiennes.*

VIEILLARDS.

PEUPLES *Iſlandois.*

TARTARES.

COSAQUES.

LAPONS.

La Scêne eſt dans la Ville de NIDROSIE *, aujourd'hui*
    DRONTHEIM *, Capitale de la Norvege.*

PERSONNAGES DANSANTS.

ACTE PREMIER.

DANOIS & DANOISES.

M. GARDEL.

M^{rs}. RIVIERE, GRANIER.
Mlles. GAUDOT, GRANDI.

M$^{rs.}$ Trupti, Lani, Pierſon, Allard
M$^{lles.}$ Mercier, David, Delfevre, Larie.

NORVEGIENS & NORVEGIENNES.

M$^{lle.}$ GUIMARD.

M^{rs}. ROGIER, LEGER.
Mlles. duPEREI, MION.

M^{rs}. Doſſion, Deſpreaux, Gardel, c., Martinet,
Aubri, Caſter.
Mlles. de Miré, s. Martin, Patras, Niel,
de Bagé, Lavau.

ACTE SECOND.

MATELOTS DANOIS

M. DAUBERVAL.

Mlle. ALLARD.

Mlle. PESLIN.

M$^{rs.}$ du Bois, Giguet, Lieſſe, Simonin, Gardel, c.,
le Brun, la Rue, Allix, Gambu, Cézar.
Mlles. Adélaïde, Mercier, le Roi, la Fond, Buart,
la Croix, Riviere, Hidoux, Villette, de Launai.

ACTE TROISIEME.

NORVEGIENS & NORVEGIENNES.

M. VESTRIS.

M. LANI, M^{de}. PITROT.

M^{rs}. Doſſion, Gardel, c., Aubri, Deſpreaux.
Mlles. de Miré, s. Martin, Patras, Niel.

TARTARES.

Mlle. ALLARD.

M^{rs}. Trupti, Lani, c., Caſter, Allard.
Mlles. Adélaïde, la Fond, David, Delfevre.

COSAQUES.

M. DAUBERVAL.

M^{rs}. Granier, Giguet, Lieſſe, la Rue.

LAPONS.

M^{rs}. le Brun, Durand, Beaulieu.
Mlles. Dervieux, Audinot, Louiſon.

ERNELINDE,
TRAGÉDIE.

ACTE PREMIER.

Le Théâtre repréfente une partie de la Citadelle de NIDROSIE : on voit, d'un côté, fur le devant, un autel confacré au Dieu Oden, ou Mars , & de l'autre , vers le fond , différents ouvrages de fortifications.

SCÈNE PREMIERE.

ERNELINDE , RODOALD , SOLDATS

ERNELINDE.

QUOI! vous m'abandonnés, mon pere ?
Vous fuyés de mes foibles bras ?

R O D O A L D.

Laîſſe-moi courir aux combats.

E R N E L I N D E.

Pourquoi m'abandonner, mon pere?

R O D O A L D.

Entends-tu les cris des ſoldats?
Je les trahis , ſi je differe :
C'eſt à moi de guider leurs pas.

E R N E L I N D E.

Votre valeur me deſeſpere;
Laiſſés triompher d'autres bras.

R O D O A L D.

Laîſſe-moi courir aux combats.

E R N E L I N D E.

Vous m'abandonnés , o mon pere !
Vous fuyés de mes foibles bras ?

Eh, que pourra votre courage ?
Des Souverains du Nord les efforts ſont unis.

R O D O A L D.

Sandomir dans leur ſein a fait pâſſer ſa rage;
Je le hais plus, lui ſeul, que tous mes ennemis.

Ce jeune ambiteux, fier du rang qu'il espere ,
    ôsa sur toi lever les yeux :
Nos traités m'unissoient alors avec son pere ;
Je te permis de répondre à ses vœux :
Mais, depuis trois hivers, le glaîve de la guerre
Et la raison d'État ont brîsé tous nos nœuds

E R N E L I N D E.

D'un pere criminel c'est le fils vertueux.

R O D O A L D.

Pourquoi de Ricimer épouse-t-il la haîne ?
Vient-il venger son frere , immolé par mon bras !
Te croit-il mériter , en brûlant mes états ?
Non,plus d'espoir de paix : ou leur mort,ou la mienne.
  (*aux soldats.*)
    Marchons.

E R N E L I N D E.

      Je ne vous quitte pas.
Quoi... seule... & dans ces lieux !.. qui pourra m'y
  défendre ?

R O D O A L D.

Ta vertu , ton devoir. Adieu.

E R N E L I N D E.

        Daignés m'entendre.

RODOALD , s'armant d'un fâbre , d'un cafque
& d'un bouclier.

Donnés, donnés ce fer : & , s'il faut fuccomber ,
Dieu des combats, fi ton bras m'abandonne ,
Je foûtiendrai du-moins l'honneur de ma couronne.
Et c'eft le glaîve en main qu'on me verra tomber.

(*Il fort , fuivi des foldats.*)

SCÊNE II.

ERNELINDE, *CHŒUR de combattants*
& d'affiégeants ,. qu'on ne voit pas.

ERNELINDE.

Ciel, prenés fa deffenfe !

CHŒUR de combattants.

Vengeance, vengeance !

ERNELINDE.

Quels cris affreux
Frappent les cieux ?

CHŒUR d'affiegeants.

Renverfons ces murs odieux.

ERNELINDE.

Jufte ciel, tu marquas ce jour dans ta colere !

CHŒUR

CHŒUR de combattants.

Deffendons nos murs malheureux.

ERNELINDE.

Barbares... épargnés mon pere ,
Épargnés mon amant... que dis-je? o jour affreux!

Au milieu des cris & des armes
Et du carnage & de l'horreur ,
O mes yeux , retenés les larmes
Que l'amour arache à mon cœur.

Sandomir , c'eft ta main fanglante
Qui renverfe ces murs , que tu devrois chérir ;
Tu pourfuis à la fois mon pere & ton amante ,
Et mon indigne cœur ne fauroit te haïr !

(*On voit fortir des flâmes des ouvrages attaqués.*)

Des tourbillons de feu s'élevent dans la nue !..

CHŒUR d'affiegeants.

Combattons , combattons :
Nous triomphons.

ERNELINDE.

O ciel !

C

CHŒUR d'assiegeants.

Nous l'emportons.

CHŒUR de combattants.

Nous succombons.

E R N E L I N D E.

Grands Dieux !

CHŒUR de combattants.

Nous périssons.

Tous les CHŒURS.

Combattons.

E R N E L I N D E.

Ciel ! o ciel !

Tous les CHŒURS.

Combattons, combattons.

(*La flâme augmente ; un des ouvrages est emporté,
& s'écroûle en partie.*)

E R N E L I N D E.

Nos malheurs sont comblés : la Norvege est vaincue.
Ciel, on s'avance vers ces lieux…

Autel sacré, je t'embrasse, je tombe ;
Sois mon asile, arrête un vainqueur furieux ;
Qu'à tes piés je trouve ma tombe !

(*Elle tombe évanouie sur les degrés de l'autel.*)

SCÈNE III.

ERNELINDE, *évanouie* ; SANDOMIR,
*entrant au milieu des flâmes & des débris , précédé
& suivi de soldats* DANOIS.

SANDOMIR *& le* CHŒUR.

R Animés ⎱ ces feux dévorants ;
Ranimons ⎰
Que la mort vole & nous devance :
Dreſſons l'autel de la vengeance
Sur des monceaux de corps ſanglants.

SANDOMIR , *avançant ſur la ſcêne ,
& appercevant* ERNELINDE.

Que vois-je?.. je frémis!.. Ernelinde expirante!..

(*aux ſoldats.*)

Arrêtés, chers amis … quel moment douloureux!..

(*à la Princeſſe.*)

Leve ſur moi ta paupière mourante ,
Entends ma voix, ouvre les yeux ;

(*ſe jettant à ſes genoux.*)

C'eſt moi, c'eſt ton amant.

Cij

E R N E L I N D E.

Où fuis-je?.. juftes Dieux !
Barbare, éloigne-toi; ton afpect m'eft affreux.

S A N D O M I R.

Eh bien , accâble-moi de toute ta colere.
J'ai de ton ennemi fuivi les étendarts ;
J'ai , fous fes loix , vengé fon frere ;
J'ai porté jufqu'à tes regards
L'effrayant tableau de la guerre :

Punis-m'en,tu le dois: mais defcends dans mon cœur;
Songe à ces feux fi purs , à cette ardeur fi chere ,
A ces nœuds , brîfés par ton pere;
Et n'accufe que lui de toute ma fureur.

Je te jurois , doux efpoir de mon âme,
De t'adorer jufqu'à la mort ;
J'animois ton cœur de ma flâme,
Tu partageois mon doux tranfport.
On nous fépare , & je t'adore !
Ah , prends pitié de ma douleur ;
Et laîffe-moi penfer encore,
Que l'arrêt affreux que j'abhorre
N'eût jamais l'aveu de ton cœur.

E R N E L I N D E , attendrie , & à elle.

'Ah, mon pere !

S A N D O M I R.

Il respire.

É R N E L I N D E.

Il vit !.. Sois magnanime ;
Pour mériter sa fille , ôse t'armer pour lui ;
Rougis de le combattre , & deviens son appui.

S A N D O M I R.

C'est toi qui m'ordonnes un crime !

E R N E L I N D E.

Et tu m'aimes ! ... Adieu.

S A N D O M I R , *la retenant.*

Demeure...ah , quels instants !
L'excès de sa douleur redouble encor ses charmes ;
Je ne puis supporter l'aspect de ses tourments.

Amis , qui triomphés à l'ombre de mes armes ,
Venés , voyés la beauté dans les larmes ,
Et partagés mes sentimens.

S A N D O M I R & *le* C H Œ U R.

Jurés   vos
       { sur }   glaîves sanglants
Jurons   nos

De vous}
De nous} armer pour elle & pour son pere.

Et toi, que le Scithe revere ,
O Mars ! reçois nos sermens.

E R N E L I N D E.

Tu rassûres mon cœur : mais je vole à mon pere.

(*Elle sort vivement.*)

S A N D O M I R.

(*On entend une simphonie de triomphe.*)

Non… Déja le vainqueur s'annonce par ces chants.

SCÊNE IV.

R I C I M E R, *porté sur un pavois ;* S O L D A T S *de la Gothie , de la Suede & de l'Ingrie ;* ÉDELBERT, S O L D A T S *Danois ;* SANDOMIR.

(*Les vainqueurs entrent sur le théâtre par la brêche , à la faveur de laquelle on voit le camp des assiégeans , & plusieurs de leurs machines de guerre.*)

LE *C H Œ U R.*

Victoire , victoire !
Nos fronts de lauriers sont couverts ;

Les échos jufqu'aux cieux font voler notre gloire ,
Et nous traînons nos ennemis aux fers :
Victoire , triomphe , victoire !

R I C I M E R , à S A N D O M I R.

Jeune & brave guerrier , ce n'eſt qu'à vos vertus
Que je dois ce grand avantage :
*(Il partage en deux une couronne de laurier , dont il lui
donne la moitié.)*

Recevés ces lauriers , & prenés en partage
La dépouille de nos vaincus.
Je ne demande ici , pour prix de mon courage ,
Que d'y marquer mes jours par mes bienfaits.

J'apperçois nos captifs.

S A N D O M I R , voyant la Princeſſe & ſon Pere.
Ah , quels triſtes objèts !

SCÈNE V.

LES ACTEURS *de la scène précédente*, RODOALD, ERNELINDE, SOLDATS *Norvegiens vaincus & enchaînés*, FEMMES *Norvegiennes*.

ERNELINDE, à son pere.

Laissés-moi partager vos fers & votre outrage.

RODOALD, à RICIMER.

Tu l'emportes, tiran ! acheve ton ouvrage,
Voilà mon sein ; la mort est un besoin pour moi ;
Je l'attends de ta main ; frappe !

RICIMER.

Oui, je te la doi.
Pour mieux venger mon frere & prolonger tes peines,
A mon char triomphant je te devrois traîner :
Mon devoir fut de t'accâbler de chaînes ;
Je t'ai vaincu : ma gloire est de te pardonner.

RODOALD.

Ah, barbare !

RICIMER.
En vain tu me braves.

Et

Et vous, belle Ernelinde , appaifés vos douleurs ;
Je ne m'offre à vos yeux que pour fécher vos pleurs.
Que mes regards ne trouvent plus d'efclaves :

(aux foldats Ingrois.)

Allés , obéiffés ; que l'on brîfe leurs fers.

(Les vainqueurs ôtent les fers des vaincus ; SANDOMIR
court arracher ceux de RODOALD , qui femble s'y
oppôfer.)

A ma voix que la mort s'arrête.
Peuples du nord uniffés vos concerts ;
Chantés , formés la plus brillante fête ;
De vos noms rempliffés les airs.

Aux fiers accents de la trompette
Mêlés vos paifibles hautbois ;
Chantés , formés la plus brillante fête :
Le bonheur des fujèts fait la gloire des rois.

De vos accords que les cieux retentiffent :
Je vous donne la paix , goutés-en les douceurs ;
Que fes liens à-jamais réuniffent
Et les vaincus & les vainqueurs.

RODOALD & ERNELINDE.
Allons cacher notre opprobre & nos pleurs.

(Ils fortent.)
D

RICIMER & les PEUPLES.

A $\left\{\begin{matrix} ma \\ sa \end{matrix}\right\}$ voix que la mort s'arrête.

Peuples du nord uniffés vos concerts, &c.

(*On danfe.*)

UN *NORVEGIEN & UNE NORVEGIENNE.*

Dans nos afiles ,
Doux & tranquilles,
Heureufe paix
Regne à-jamais.

LE *CHŒUR.*

Dans nos , &c.

LE *NORVEGIEN & LA NORVEGIENNE.*

Enrichi des dons de la terre ,
Le laboureur attend le retour des faifons ;
Il ne craint plus qu'un foldat téméraire
Vienne , à fes yeux, ravager fes moiffons.

LE *CHŒUR.*

Dans nos , &c.

LE *NORVEGIEN & LA NORVEGIENNE.*

Bientôt ces armures affreufes,
Ces inftruments de mort, qu'ont fabriqué nos mains,

Vont, sous des formes plus heureuses,
Ouvrir la terre & servir aux humains.

L E *C H Œ U R.*

Dans nos, *&c.*

(*La fête continue.*)

R I C I M E R.

Il suffit : dépôsés vos armes,
Et de la paix allés goûter les charmes.

(*Tous les peuples sortent.*)

D ij

✿✿✿✿✿✿✿✿✿✿✿ ✿ ✿ ✿✿✿✿✿✿✿✿✿✿✿

SCÈNE VI.

RICIMER, SANDOMIR, ÉDELBERT, *éloigné*,
GARDES.

S A N D O M I R.

Aux vœux de l'amitié satisfaites, Seigneur;
Vous me l'avés promis, ouvrés-moi votre cœur.
La paix semble en être bannie :
Épanchés dans mon sein vos secrèts.

R I C I M E R.

Tu le veux !..
De la haîne entre nous n'allumons point les feux;
Je le desire & je t'en prie.

Avant de m'élever au trône de l'Ingrie,
J'ai longtemps parcouru ces sauvages climats;
Rodoald m'ouvrit ses états :
Sa fille, jeune encor, mais déjà belle & fière,
Offrit à mes yeux ses appas;
Et dans ce cœur, nourri pour la haîne & la guerre,
Fit naître des desirs, qu'il ne connoissoit pas.

S A N D O M I R.

Qu'entends-je ! ignorés-vous…

R I C I M E R.

       Non : mon âme eſt ſincere.

On te promit ſa main ; je l'ai ſu : mais j'apprends
    Que Rodoald s'eſt immolé mon frere,
Qu'il te trahit toi-même & ſes premiers ferments ;
Tout mon eſpoir renaît, & ma flâme & ma gloire
M'ordonnent...

    S A N D O M I R.

    Arrêtés. Quels ſeroient vos deſſeins ?

    R I C I M E R.

Tes droits anéantis, je fais parler les miens.

    S A N D O M I R.

Les vôtres !.. quels ſont-ils ?

    R I C I M E R.

       L'amour & la victoire.

    S A N D O M I R.

  Tu ne la dois qu'à ma valeur.

    R I C I M E R.

Qu'ôſes-tu dire, téméraire !

    S A N D O M I R.

Que je m'efforce en vain d'étouffer ma colere ;
Qu'avant de me ravir l'amante la plus chere ,
Il faudra commencer par me percer le cœur.

R I C I M E R.

J'excufe ton jeune courage :
Mais fonge à refpecter mes feux.

S A N D O M I R.

Tu joins la menáce à l'outrage !
Redoute un amant furieux.

R I C I M E R.

Audacieux !

S A N D O M I R.

Barbare !

R I C I M E R.

Quand je puis d'un mot t'accâbler,
Ami perfide !

S A N D O M I R.

Roi barbare !

RICIMER & SANDOMIR.

Ainfi ta haîne fe déclare.

S A N D O M I R.

Efperes-tu me voir trembler ?

RICIMER & SANDOMIR.

Eh bien, il faut te fatisfaire.

RICIMER.

Que le sang coûle en ce séjour.

SANDOMIR.

Rapellons la mort & la guerre.

RICIMER & SANDOMIR.

Et que les cris de la colere
Soient ici les chants de l'amour.

(RICIMER *sort, suivi de ses gardes.*)

SCÈNE VII.

SANDOMIR, ÉDELBERT.

SANDOMIR.

JE demeure immobile.

ÉDELBERT.

Il vous doit sa conquête,
Seigneur ; & de vos bras il veut ravir...

SANDOMIR.

Arrête :
N'irrite point un cœur déjà trop furieux.

Rassemble nos guerriers, ranime leur audace;
Qu'ils arment, en secret, leurs bras victorieux :
    Pour aujourd'hui , sois leur chef en ma place;
L'intérêt de mon cœur me fixe dans ces lieux.

É D E L B E R T.

Faut-il que votre ami pour vous se sacrifie?
Je suis prêt à remplir ce glorieux devoir.

S A N D O M I R.

    C'est en toi que je me confie :
    Sers mon amour; préviens mon desespoir.
(É D E L B E R T sort.)

S C E N E VIII.
S A N D O M I R , seul.

O Toi! chere âme de ma vie,
Cher objet de mes premiers feux;
Toi, que les Dieux avoient choisie
Pour m'assûrer des jours heureux :
S'il faut que tu me sois ravie,
De flots de sang j'innonderai ces lieux.
Nous séparer!.. non, non; tu m'ès trop chere;
    Je te disputerois aux Dieux :
    Et , s'ils allumoient leur tonnerre,
Le même coup nous frapperoit tous deux !

FIN DU PREMIER ACTE.

ACTE SECOND.

Le Théâtre repréſente le Port de NIDROSIE, *dans la Mer Baltique. Le calme regne. On voit, ſur le devant, des chalouppes, que l'on charge des ballots qu'elles doivent tranſporter aux vaiſſeaux, que l'on apperçoit dans le lointain, & qui ſont appareillés pour le départ.*

SCÈNE PREMIERE.

RICIMER, GARDES.

RICIMER.

TRANSPORTS, tourments jaloux, amour de la vengeance,
  Ah, que vous déchirés mon cœur !
  Ôſés-vous lâſſer ma clémence,

E

Fatals objèts, qui caufés ma douleur?
Tremblés, ingrats! redoutés ma fureur.

Tranfports, tourments jaloux, amour de la vengeance,
Ah, que vous déchirés mon cœur!

L'orgueilleux Sandomir infulte à ma puiffance,
Il brave un monarque, un vainqueur!
Que dis-je? en ces moments, où l'ennui me dévore;
Peut-être n'en croit-il que fa coupable ardeur?
Aux piés de la beauté, qu'en frémiffant j'adore,
Peut-être en obtient-il l'aveu le plus flateur?
Ah, fi je le croyois, ma jaloufe fureur
Égaleroit le fuplice à l'offenfe!

Tranfports, tourments jaloux, amour de la vengeance,
Eclatés, achevés de déchirer mon cœur.

Écartons de ma vue un rival qui m'outrage.
Ses vaiffeaux, par mes foins, raffemblés dans ce port,
Vont, avec fes Danois, l'enlever du rivage:
Qu'il parte, je le veux; s'il balance, il eft mort.

SCÈNE II.

RICIMER, Gardes, ERNELINDE,
Femmes Norvegiennes de sa suite.

ERNELINDE.

ECoute, Ricimer. L'inconstante victoire
T'éleve sur le trône, & nous met dans les fers :
Mais tu peux mériter la véritable gloire.
Dans les rochers du nord, au fond de ses deserts,
Laîsse-moi m'exiler... j'y conduirai mon pere :
    Permèts qu'au-moins notre misere
    Soit inconnue à l'univers.

RICIMER.

Non, demeurés : je veux qu'ici la paix répare
    Les maux , dont je vous vois gémir.
Formés des vœux plus doux : soyons unis.

ERNELINDE.

                Barbare !
Est-ce ton amitié que tu me viens offrir ?

RICIMER.

    J'ôse plus vous offrir encore.
Trône, empire, sujèts, vous n'avés rien perdu :

Écoutés les foûpirs d'un roi, qui vous adore,
Et que l'himen...

E R N E L I N D E.

L'ai-je bien entendu!

R I C I M E R.

Né dans un camp, parmi les armes,
Je connois peu l'art des amants;
Et mon cœur, qu'enflâment vos charmes,
N'a de l'amour encor fenti que les tourments.
La conquête d'un cœur fauvage
Eft pour vos yeux un triomphe de plus :
Mais apprenés que mon hommage
De vos appas eft moins l'ouvrage,
Qu'il n'eft celui de vos vertus.

E R N E L I N D E.

A ce dernier malheur aurois-je dû m'attendre?
Et vous le permettés, grands Dieux!
Sur les débris fumants de ma patrie en cendre,
Ce tiran, de l'Amour ôfe allumer les feux!

R I C I M E R.

Quand je m'abaîffeà la prière,
Oubliés-vous qu'ici je puis donner des loix?
Que j'y fuis roi?

ERNELINDE.

Je sais quel fut mon pere.

RICIMER.

Il est vaincu : le Nord s'humilie à ma voix.
Je pare votre front d'un double diadême ;
Je rétablis Rodoald dans ses droits.

ERNELINDE.

Sa couronne, à ce prix, l'indigneroit lui-même.

RICIMER.

Je vous entends : craignés mon amour, ma fureur ;
Tremblés ! de vos refus la source se décele ;
Sandomir est perdu.

ERNELINDE.

Que dites-vous?

RICIMER.

Cruelle !

Ce soûpir a trahi ton cœur.
Mais j'ai su tout prévoir : déjà sa flotte est prête ;
Les vents vont pour-jamais en délivrer mes yeux.

ERNELINDE.

Crois-tu qu'il t'obéisse?

RICIMER.

Il y va de sa tête.
Pour son départ formés plûtôt des vœux.

(Il fort.)

ERNELINDE.

Va, je prévois mon sort; je sens qu'il est affreux.

SCÊNE III.

ERNELINDE, FEMMES Norvegiennes.

Cher objet d'une tendre flâme,
Que devoient protéger les Dieux;
Toi, le premier qui dans mon âme
De l'Amour allumas les feux;
Dans ton sein porte mon image;
La tienne vivra dans mon cœur.
Arrête encor sur le rivage;
Attends, ménage ma douleur:
On t'enleve à mon esperance,
On brife les nœuds les plus chers:
Non; mon âme vers toi s'élance,
Elle te suivra sur les mers.

(Elle fort.)

SCÈNE IV.

RICIMER, SOLDATS, PEUPLES, MATELOTS.

RICIMER.

VOus, dont j'ai guidé le courage,
Guerriers, rassemblés-vous; quittés ce lieu sauvage;
Accourés, généreux Danois :
A mes soldats, pour la derniere fois,
Unissés-vous sur ce rivage.

(*Les Peuples se rassemblent.*)

Chargés d'un butin glorieux,
Voyés les vents feconder votre envie :
Partés, fendés les mers, & de votre patrie
Allés revoir les bords heureux.

CHŒUR.

Chargés d'un butin glorieux,
Déjà les vents fecondent notre envie :
Partons, fendons les mers, & de notre patrie
Allons revoir les bords heureux. (*On danfe.*)

Un DANOIS & une NORVEGIENNE.

Par des chants, par des fêtes,
Venés, célebrons nos adieux.
Jeunes beautés, mêlés-vous à nos jeux;
Le plaifir naît où vous êtes.

Triomphés des vainqueurs :
Ici nous laîffons nos cœurs.

C H Œ U R.

D'HOMMES.	DE FEMMES.
Le plaifir naît où vous êtes. Triomphés des vainqueurs : Ici nous laîffons nos cœurs.	Triomphons des vainqueurs : Ils nous laîffent ici leurs cœurs.

UNE NORVEGIENNE.

Laiffés, jeunes amantes,
A vos vainqueurs laiffés franchir les mers.

C H Œ U R.

A nos vainqueurs laîffons franchir les mers.

LA NORVEGIENE.

Bientôt leurs âmes, plus conftantes,
Viendront reprendre ici vos fers.

LE DANOIS.

Venés, de fleurs parer nos têtes ;
Que vos cœurs nous donnent des vœux.

Avec le C H Œ U R.

Nous braverons les tempêtes ;
Nous quitterons ces lieux,
Protégés par tous les Dieux.   (On danfe.)

UN MATELOT & LE CHŒUR.

Reçois nos hommages,
Souverain des mers :

Bannis

Bannis les orages ;
Entends nos concerts :
Suspends les ravages
Des tirans des airs.

L E M A T E L O T.

De l'Amour les douces flâmes
Charment peu les matelots :
Le calme doit, dans leurs âmes,
Regner, comme sur les flots.

Avec le C H Œ U R.

Reçois, &c.

L E M A T E L O T.   (*On danse.*)

Versés la liqueur charmante ;
Cachés-nous de vains regrèts.
Le matelot rit & chante ;
Mais ne s'engage jamais.

Avec le C H Œ U R.

Reçois, &c.   (*On danse.*)

L E M A T E L O T.

La gloire, en ces lieux sauvages,
A couronné nos guerriers.
Allons, sur d'autres rivages,
Chercher de nouveaux lauriers.

Avec le C H Œ U R.

Reçois, &c.   (*On danse.*)

F

R I C I M E R.

Les vents font en filence ;
Prévenés leur couroux :
Il eft doux de revoir les lieux de fa naiffance.
Les vents font en filence ;
Prévenés leur couroux :
Embarqués-vous , embarqués-vous.

C H Œ U R.

Les vents font en filence ;
Prévenons leur couroux :
Embarquons-nous.

(Les Danois vont pour s'embarquer.)

S C Ê N E   V.

LES ACTEURS *de la fcêne précédente*, SANDOMIR
ÉDELBERT.

S A N D O M I R.

QUe vois - je ?.. quels apprèts !.. qui les fait
entreprendre ?

R I C I M E R.

Votre gloire en ces lieux n'a plus rien à prétendre.
(*Les Danois , les Norvegiens & les Matelots fortent.*)

SANDOMIR.

Tu ne caches donc plus tes odieux projèts ?
Tu comptes tes égaux au rang de tes fujèts ;
Tu prétends m'ordonner…

RICIMER.

Vous avés dû m'entendre :
Partés.

SANDOMIR.

(à ÉDELBERT.)
Vole à l'inftant au port ;
Raffemble mes guerriers; que leur cri foit : vengeance !
(ÉDELBERT fort.)

(à RICIMER.)
Et toi, dans ce lieu même, où mon afpect t'offenfe,
Frémis, tiran, de me revoir encor !
(Il fort.)

RICIMER.

Crois-tu par tes fureurs étonner ma prudence ?

SCÉNE VI.

RICIMER, Soldats, RODOALD, *défarmé;*
deux GARDES, *qui portent un cafque, un*
bouclier & une épée.

RICIMER.

Viens, Rodoald, & fois fans défiance
(*à part.*)
Dans fon ambition je mèts tout mon efpoir.
(*haut.*)
Approhe.

RODOALD.
Qui te fait defirer ma préfence ?

RICIMER.
Nos communs intérêts, l'amitié, mon devoir.
Tes peuples & les miens, courbés fous leurs miferes
Ont, trop long tems, gémi de nos triftes exploits ;
Il eft tems d'oublier que nous fommes leurs rois,
　　Pour mieux fonger que nous fommes leurs peres.
Remonte fur le trône & commande en ces lieux.

RODOALD.

Tu n'as pu m'accâbler ; tu voudrois me féduire !
Soyons plus finceres tous deux.
A quel indigne prix me vends-tu mon empire ?

RICIMER.

Accorde-moi la main de ta fille ...

RODOALD.

Grands Dieux !

RICIMER.

C'eft pour elle que je foûpire.
Plains mon amour ; mais crains de rebuter mes vœux :
Songe, en nous uniffant par d'auffi tendres nœuds,
Que c'eft de mon bonheur que le tien va dépendre :
L'un par l'autre foyons heureux.
J'embraffe en toi mon pere ; en moi, chéris un gendre
Qui, fier de t'obéir, vaillant & généreux,
Vivra pour te fervir, mourra pour te deffendre.

RODOALD.

(haut.)   (à part.)   (haut.)
Je t'entends ... Je renais !.. Tu me connoîtras mieux.
(à part.)
O ciel ! pour un moment la vie encor m'eft chere.

SCENE VII.

LES ACTEURS *de la scêne précédente ,*
ERNELINDE, FEMMES *Norvegiennes.*

RODOALD.

JEttes - toi dans mes bras, viens confoler ton pere ;
Viens, ma fille : je touche au moment du bonheur.

ERNELINDE.

A vos auguftes loix j'obéirai, fans doute ;
J'en jure par vous & mon cœur !
Parlés : qu'ordonnés-vous ?

RODOALD.

Écoute.

Vois nos fertiles champs transformés en deferts ;
Tes palais livrés au pillage ;
Ton pere, au déclin de fon âge,
Eft, à tes yeux, chargé de fers :
De ce tiran voilà l'ouvrage.
Il demande ta main pour prix de fes forfaits :
C'eft en toi feule que j'efpere.

Détefte ce barbare , autant que je hais :
Qu'au fond de fon cœur fanguinaire
Son fol amour

Soit un vautour
Qui le ronge, & venge ton pere.
Qu'il menace, ou fe défefpere ;
Qu'à tes genoux il gémiffe à fon tour.

R I C I M E R.

Rends grâce à mon amour ; ce n'eft qu'à fa puiffance
Que tu dois l'inftant de clémence
Dont je m'étonne encor.

R O D O A L D.

Que peux-tu contre moi,
Fier conquérant ? je te plains & te brave.
A tes honteux defirs obéis en efclave :
Maître ici de mon cœur, j'y parle feul en roi.

R I C I M E R.

Qu'on le charge de fers : à moi, foldats.

SCÈNE VIII.

LES ACTEURS *de la scène précédente,*
SANDOMIR, *à* RICIMER, *en s'oppôsant aux soldats.*

Arrête!
Perce mon cœur, ou respecte sa tête.

RODOALD & ERNELINDE.

Sandomir!

RICIMER, *à* SANDOMIR.

Tremble, ingrat!

SANDOMIR.

C'est à toi de frémir :
Je suis près d'épuiser mon sang, pour les servir.

RODOALD.

Toi!.. qu'entends-je?.. O mes Dieux! quelle faveur
nouvelle!
Ton bras s'arme pour nous, ennemi généreux?
Je croyois te devoir une haîne éternelle ;
De ma fille pour toi j'ai condamné les feux : Mais

Mais tu veux la venger ; tu deviens digne d'elle.
O mon cher Sandomir ! fois en ce jour affreux
Son époux & mon fils ; embrasse sa querelle :
Aux regards du tiran je vous unis tous deux.

SANDOMIR.   ⎰ Quel bonheur !
ERNELINDE. ⎱ Sandomir !

R I C I M E R.

Et tous trois vous serés mes victimes :
C'est trop vous pardonner de crimes.

Obéissés, soldats !
Qu'on saisisse leurs armes ;
Qu'ils servent d'exemple aux ingrats.

SANDOMIR, aux soldats.

Songés-vous, qu'aux combats
Ma voix guidoit vos armes ?

RODOALD, aux soldats.

Où courés-vous, soldats ?..
C'est moi que tu défarmes,
Peuple lâche, sujèts ingrats !

ERNELINDE, à RICIMER.

Mèts le comble à tes attentats.
Peux-tu cruel, braver mes larmes ?
Fais-les arracher de mes bras.

G

RICIMER.

Accâblés-les de chaînes.

ERNELINDE.

Prends pitié de mes peines !

RICIMER.

Qu'on ôte de mes yeux
Ces objèts odieux.

ERNELINDE.

Arrêtés !

SANDOMIR.

Chere amante !

RODOALD.

O ma fille !

ERNELINDE.

O mon pere !

RODOALD, ERNELINDE, SANDOMIR.

Quels horribles adieux!

RICIMER.

Obéiffés à ma colere :
Arrachés de mes yeux
Ces objèts odieux :
Qu'on les charge de chaînes.

ERNELINDE.

Prends pitié de mes peines !

RODOALD.

Songe à ton pere, à ton époux.

SANDOMIR.

Tous les Dieux s'armeront pour nous.

ERNELINDE.

Je veux expirer avec vous.

(*Les foldats entraînent* RODOALD *&* SANDOMIR.)

SCÊNE IX.

RICIMER, ERNELINDE, FEMMES *Norvegiennes,* SOLDATS.

ERNELINDE.

QUand fous leurs malheurs il fuccombent,
Tu me deffends de partager leur fort !

RICIMER.

Par excès de clémence, ou de foibleffe encor,
Vous avés vu leurs fers ; dites un mot, ils tombent.

ERNELINDE.

Unis la fille au pere, & l'amante à l'époux ;
Je fuis à tes genoux.

G ij

Tu vois une fille, une amante,
A tes piés elle eſt expirante,
Et ſes cris ſeroient ſuperflus?
Ah! cet amour, qui m'épouvente,
A-t-il dans ton cœur, qu'il tourmente,
Étouffé toutes les vertus?

Si mes foibles charmes
Ont touché ton cœur,
Peux-tu de mes larmes
Supporter l'horreur?

R I C I M E R.

Ton déſeſpoir ſur moi n'a que trop de puiſſance.
Ton pere & ton amant… leurs crimes ſont affreux…
Ton amant.. ſon nom ſeul apelle la vengeange!

E R N E L I N D E.

Ah! s'ils ſont criminels, ôſe être généreux:
   Pardonne.

R I C I M E R.

      Eh bien, je pardonne à l'un d'eux.
Lequel veux-tu ſauver? prononce.

E R N E L I N D E.

            Juſtes Dieux!..
Quoi, tu veux…moi, nommer…ah, quel arrêt terrible!..
Mon pere… mon époux… o mortels, ſi chéris!..

C'eſt de la cruauté l'excès le plus horrible.
Que mon cœur palpitant ſoit déchiré.
R I C I M E R.
Choiſis.
(*Il ſort.*)

S C È N E X.

ERNELINDE, un Lieutenant, Femmes, Soldats.
E R N E L I N D E.

Ls vont périr tous deux, ſi je diffcre.
(*à l'Officier.*)
Ah, volés ſur ſes pas ; qu'on délivre mon pere !
(*l'Officier & les ſoldats ſortent.*)

Qu'ai-je dit ?...cher époux !... quoi, j'ai proſcrit
    tes jours ?
Ce cœur, que tu m'ouvris, c'eſt moi qui le déchire ?...
Non, cruels ! arrêtés... Je ſuccombe...j'expire...
    O mort ! j'implore ton ſecours.
(*elle tombe évanouie.*)

(*reprenant ſes eſprits.*)
    Où ſuis-je ?.. quel épais nuage
    Me dérobe l'éclat des cieux ?
D'où vient que l'on m'entraîne au ténebreux rivage?..
Les voiles de la mort enveloppent mes yeux...

Avançons...je frémis...Dieux!quelle ombre effrayante
Devant moi se présente?..
J'entends de longs gémissements...
Son flanc est entr'ouvert... le sang en coûle encore;
Ma vue irrite ses tourments...
C'est lui, c'est mon époux!...chere ombre, que j'adore,
Arrête!.. quoi! tu veux me fuir?
Mon âme n'est point criminelle;
J'ai dû sauver mon pere... ah, laîsses-toi fléchir!..
Tu parles... je t'entends... dans la nuit éternelle,
C'est ta voix qui m'appelle;
Je t'y suis, je vais t'obéir.

Oui, je cede au coup qui m'accâble.
Renais pour calmer ma douleur,
Cher époux!.. Tiran détestable,
Frémis, redoute un ciel vengeur!
Mais je suis encor plus coupable;
De tous deux j'ai fait le malheur.
Ah, je sens déchirer mon cœur
Par la tendresse & par l'horreur!
Oui, je cede au coup qui m'accâble.
Renais pour calmer ma douleur,
Cher époux!.. Tiran détestable,
Frémis, redoute un ciel vengeur!

FIN DU SECOND ACTE.

ACTE TROISIEME.

Le Théâtre représente une prison : vers le fond , on apperçoit differents souterreins ; sur les côtés, plusieurs cachots , fermés par des grilles de fer.

SCÈNE PREMIERE.

SANDOMIR, CHŒUR de *Prisonniers.*

SANDOMIR , entrant sur la scène.

Qu o i , Rodoald est libre, & Sandomir esclave !
Je suis le seul qu'on accâble & qu'on brave.

C H Œ U R.

O mort ! viens terminer les maux que nous souffrons.
O mort ! nous t'implorons.

SANDOMIR.

Quels longs gémiſſements percent dans ces abîmes!

CHŒUR.

O mort! nous t'implorons.

SANDOMIR.

Voilà donc les accents des crimes ?

CHŒUR.

O mort! viens terminer , *&c.*

SANDOMIR.

Mon pere & mon épouſe…ils ôſent m'outrager !..
Dans les bras du tiran je la vois…la cruelle !..

CHŒUR.

O mort, *&c.*

SANDOMIR.

J'euſſe épuiſé mon ſang pour elle ;
Je la perds… je reſpire… & ne puis me venger !..

Tiran cruel, pere ingrat, femme impie ,
Venés, raſſemblés vous dans ce gouffred'horreur ;
Venés accroître ma douleur :
J'aurois pour vous donné ma vie.

Tiran cruel, pere ingrat , femme impie ,
Qui de vous trois voudra percer mon cœur ?

Je ſens mon âme anéantie.

Eſt - ce

Eft-ce amour ? eft-ce terreur ?
Eft-ce foiblleffe ? eft-ce fureur ?..
(*On apperçoit une lumiere, qui s'augmente
en approchant.*)
Quelle clarté pénetre en ces murailles ?..
C'eft la mort : je l'attends : fans pâlir, je la vois.
Toi, qui me la devois dans le fein des batailles,
Je te falue, o ciel ! pour la derniere fois.

SCÊNE II.

SANDOMIR, RICIMER, *précédé de flambeaux.*

SANDOMIR.

Dieux, Ricimer !

RICIMER.

C'eft lui. Veux-tu me fuivre ?

SANDOMIR.

Moi! tiran ?

RICIMER.

Réponds : veux-tu vivre ?

SANDOMIR.

A quel prix !

H

R I C I M E R.

Cede à ton fort;
Renonce à la beauté qui t'a rendu coupable,
Qui, pour toi feul, de fes mépris m'accâble.

S A N D O M I R.

Je ne fuis point trahi!.. fais-moi donner la mort.

(*Il s'enfonce dans les fouterreins.*)

SCÉNE III.

RICIMER, *Suite.*

OUI, je remplirai ton attente,
Je t'apprête un fuplice affreux :
Cette main, de ton fang fumante,
Au pié de nos autels, en préfence des Dieux,
Ira faifir la main de ton amante.

Oui, perfide, tu périras
Dans le défefpoir, dans la rage :
En expirant, tu me verras
T'accâbler du dernier outrage;
Ravir ta femme de tes bras :
Et puiffe cette horrible image
Te pourfuivre après ton trépas !

SCÈNE IV.

RICIMER, RODOALD, *Suite.*

RICIMER.

QUi te ramene ici ? qu'y cherches-tu ?

RODOALD.

Des chaînes.
Pourquoi me laiffer libre ?.. Ai-je encor des enfants ?
Ne les dérobe plus à mes embraffements.
Tu triomphes, cruel ! tu jouis de mes peines.
Rends-moi ma fille.

RICIMER.

Tiens, c'eft elle : apprends ton fort.

(*Il fort.*)

SCÈNE V.

ERNELINDE, RODOALD, SANDOMIR.

ERNELINDE.

VOus, mon pere, avec ce barbare !..
Ah ! fuyés ces cachots, confacrés à la mort ;
Soyés libre, vivés.

H ij

R O D O A L D.
Quel crime fe prépare ?
Réponds…

SANDOMIR *, revenant à la voix de la Princeffe.*
Je te revois !

E R N E L I N D E.
O mon cher Sandomir !
O mon pere !

R O D O A L D.
Apprends-moi quel arrêt nous fépare.
Que devient ton époux ?

E R N E L I N D E.
Mon époux va mourir.

R O D O A L D.
Qu'entends-je ?

E R N E L I N D E.
Écoutés-moi. Ciel ! foûtiens mon courage.
Tous les deux vous deviés périr ;
Pour un feul … du tiran j'ai fufpendu la rage
Mais…

R O D O A L D.
Acheve.

E R N E L I N D E.
Entre vous contrainte de choifir,

La nature a parlé… j'en ai cru son langage ;
(*à son pere.*)
Vous vivrés.

R O D O A L D.

C'est me faire outrage.

S A N D O M I R.

Vous vivrés !

R O D O A L D.

Non ; je n'y puis consentir.

S A N D O M I R.

Vous le devés. Songés à faire un noble usage
De cette liberté, que vous laisse son choix.

Édelbert, en secret, rassemble les Danois :
Servés de guide à leur courage.

Que vos sujèts vaincus s'arment à votre voix ;
Que Ricimer, surpris par ce nouvel orage,
Voie encor la Norvege obéir à vos loix.

R O D O A L D.

C'est le ciel qui t'inspire ; & j'en crois ton présage.

Si j'ai su, dès mes j^eunes ans ,
A mon char enchaîner la gloire ;
Les Dieux me doivent la victoire,
Quand je combats pour mes enfants.

(*à sa fille.*)

Gardes-toi de verser des larmes ;
Je ne reçois point tes adieux.

Non, non ; je ne vous laîsse en ces horribles lieux
Que pour courir plus vîte aux armes.

E R N E L I N D E.

Non, non, Seigneur, il n'est plus tems
De former des vœux pour la gloire :
N'esperés pas que la victoire
Puisse vous rendre vos enfants.

R O D O A L D.

Si j'ai su, dès mes jeunes ans,
A mon char enchaîner la gloire, *&c.*

S A N D O M I R.

Devenés l'effroi des tirans ;
Sur vos pas ramenés la gloire.
Un roi commande à la victoire ;
Quand il combat pour ses enfants.

(*R o d o a l d sort.*)

SCENE IV.

SANDOMIR, ERNELINDE.
ERNELINDE.

OÙ court-il?.. à la mort !
SANDOMIR.

Non; c'eſt à la vengeance :
Eſperés mieux.
ERNELINDE.

De qui ! des hommes, ou des Dieux?
SANDOMIR.

Ils doivent ſe lâſſer d'accâbler l'innocence.
ERNELINDE.

Et le tiran triomphe ! & ſon crime eſt heureux!..
Mon pere va périr, ſa deffaite eſt certaine.
Sais-tu quel ſort t'attend ? l'autel eſt préparé ;
On t'immole à ma vue, & je dois, à la tienne,
M'unir à Ricimer par un ſerment ſacré.
SANDOMIR.

Je ſens toute l'horreur où le deſtin nous livre...
Ton amant ſait mourir.
ERNELINDE.

Et te dois-je ſurvivre ?

SANDOMIR.

O mon époufe!.. ah, Dieux! que d'abîmes ouverts!

ERNELINDE.

L'amour a tout prévu. Les moments nous font chers;

(*Elle tire deux poignards de deffous fon vêtement.*)

Tu vois ces deux poignards...pardonne. fi je tremble:
Prends l'un…Chéris en moi l'amante d'un héros…
Approche...arme ton bras; &,nous frappant enfemble,
De notre fang réuniffons les flots.

SANDOMIR.

Donne. De ton amour voilà le premier gage;
Il eft affreux, il eft cher à mon cœur;
Il me rend l'efpoir & l'honneur:
Donne…Tiran, nous braverons ta rage!

ERNELINDE.

Cedons à nos triftes deftins.

SANDOMIR.

Nous céder! quand ce fer nous refte.

ERNELINDE.

Peut-être en ce moment funéfte
En va-t-on défarmer nos mains.

SANDOMIR.

Non, malgré le couroux celefte,
Notre fort eft entre nos mains.

Jour

E R N E L I N D E.

Jour affreux !..

S A N D O M I R.

Cher objet d'une tendreſſe extrême !..

E R N E L I N D E.

Soyons unis.

S A N D O M I R.

Dois-tu pleurer ?

E R N E L I N D E.

Ni le tiran, ni la mort même ,
Rien ne peut plus nous ſéparer.

S A N D O M I R.

Non, non; auprès de ce qu'il aime
Chacun de nous eſt maître d'expirer.
Non, non; auprès de ce qu'il aime, *&c.*

✶✶✶✶✶✶✶✶✶✶✶✶✶✶✶✶✶✶✶✶✶✶✶✶✶✶✶✶✶✶

S C È N E   V I I.

SANDOMIR, ERNELINDE, un LIEUTENANT
de RICIMER.

L'O F F I C I E R.

LE vainqueur vous attend; ſuivés tous deux mes pas.

S A N D O M I R, à ERNELINDE.

Viens : je cours le braver aux yeux de ſes ſoldats.

(*Ils ſortent.*)

I

SCÊNE VIII.

Le théâtre change & repréfente un temple magnifique , où tout eft préparé pour le couronnement de RICIMER. Aux deux côtés font deux autels , fur l'un defquels eft une épée : c'eft fous ce fimbole que les Scandinâves adoroient OTHEN, ou ODEN, ou MARS. L'autre autel eft confacré à la déèffe FRIGA , ou VÉNUS. On voit, dans le fond du temple , la ftatue du DIEU ÉTERNEL, ou JUPITER , élevée fur un piédeftal pôfé fur un gradin de plufieurs maiches.

CHEFS *du* PEUPLE , VIEILLARDS, *le* GRAND-PRÊTRE , SACRIFICATEURS, *armés de haches ;* LA GRANDE-PRÊTRESSE *& fa* SUITE ; PEUPLES.

(*Les* SACRIFICATEURS *entourent l'autel confacré à* MARS : *les* PRÊTRESSES , *l'autel confacré à* VÉNUS)

C H Œ U R.

GRands Dieux , auguftes Dieux,
Recevés nos hommages :
Répondés à nos vœux.

Le GRAND-PRÉTRE *, & la* GRANDE PRÉTRESSE.

Élevés fur un trône au-deffus des orages ,
    Vous , qui foûlés aux pieds les cieux :
                    (*Ils fe profternent tous.*)
        Avec le C H Œ U R.

    Grands Dieux , auguftes Dieux ,
    Recevés nos hommages.

SCÊNE IX.

L E S ACTEURS *de la fcêne précédente* , RICIMER,
    S O L D A T S *de fa fuite ;* S A N D O M I R,
    ERNELINDE, G A R D E S.
                    (*Les Peuples fe relevent.*)
            R I C I M E R.

Interpretes des loix, vous, foldats, vous, Grand-Prêtre,
    Ma voix vous raffemble en ces lieux :
    Peuples du nord , dont le ciel me rend maître ,
La fille de vos rois a mérité mes vœux :
La paix fera le prix de ces auguftes nœuds ;
    Et ce grand himen , où j'afpire ,
S'il fait votre bonheur & celui de l'empire ,
    Doit être approuvé par vos Dieux.
                            I ij

Promts à fervir mon efpérance ;
Élevés jufqu'aux cieux vos voix & mes defirs :
Prêtres, chantés le Dieu de la vengeance,
Chantés, jeunes beautés, la mere des plaifirs.

C H Œ U R.

De Sacrificateurs.	*De Prêtresses.*
Dieu des combats, Dieu du carnage	O Déèffe de l'himenée,
Veux-tu du fang ? veux-tu des pleurs ?	Viens de l'amour fécher les pleurs ;
Tu vas fous nos coûteaux vengeurs,	Viens embellir cette journée :
Voir tomber le plus grand courage.	Répands le calme dans les cœurs.
Viens : la victime eft digne des vain-	
queurs.	
Dieu des combats, Dieu du carnage,	
Viens te baigner dans le fang & les	
pleurs.	

(*Sandomir & Ernelinde entrent vers la fin du
Chœur : ils fe placent entre les deux autels, au milieu des foldats.*)

R I C I M E R.

(*montrant Sandomir.*)

Prêtres, féparés-les : qu'aux autels on l'enchaîne ;
Voilà votre victime. Et, vous, héros du nord,

(*montrant Ernelinde.*)

Refpectés votre fouveraine :
Célébrés mon himen...

E R N E L I N D E.

Moi ! partager ton fort ?

RICIMER, aux SACRIFICATEURS.

Et, vous frappés.

(*Ils font un mouvement.*)

SANDOMIR.

Moi ! tomber ta victime ?
Non, non ; l'honneur, qui nous anime,
Nous a dicté de plus fières leçons.
(*aux peuples.*)   (*à ERNELINDE.*)
Respectés nos adieux. Embrassons-nous.

(*Les Prêtres se retirent.*)

SANDOMIR & ERNELINDE , tirant
leurs poignards.

Mourons.

SCÉNE DERNIERE.

LES ACTEURS *de la scêne précédente,* RODOALD,
à la tête d'un gros de NORVEGIENS ; ÉDELBERT,
à la tête d'un gros de DANOIS.

RODOALD , séparant ERNELINDE & SANDOMIR.

ARrêtés, mes enfants !

RICIMER.

Arrêtés, malheureux !

ERNELINDE,
RICIMER & SANDOMIR.

Que vois-je ? o ciel !

ERNELINDE.

Mon pere !..

Il est des Dieux.

CHŒUR des PRÊTRES, PRÊTRESSES & VIEILLARDS.

Fuyons ce temple sanguinaire.

(Ils courent se prosterner aux piés de JUPITER.)

RICIMER, à ses Troupes.

Soldats, armés-vous à ma voix.

RODOALD, à ses Troupes.

Peuples, que j'ai vengés, reconnoissés mes loix.

ERNELINDE.

Fuyés tous ce tiran, & suivés votre maître.

(Plusieurs des soldats de RICIMER pâssent du côté de RODOALD.)

SANDOMIR, voulant s'emparer d'une épée.

Donnés-moi cette épée.

RICIMER.

Immolés-moi ce traître.

ÉDELBERT, entrant à la tête d'un gros de DANOIS, & donnant une épée à SANDOMIR.

Prenés ce fer, & vengés-vous.

SANDOMIR.

Marchons.

RODOALD , SANDOMIR , ÉDELBERT,
& leurs PARTIS.
Vengeons nous ; combattons.
Triomphe , Dieu du carnage.
RICIMER & son PARTI.
Triomphe, Dieu du carnage.
Tremblés audacieux.

ERNELINDE & les FEMMES.
Soyés justes, grands Dieux !
LES PRÉTRES & les VIEILLARDS.
Potégés-nous , grands Dieux !
TOUS.
Triomphe , Dieu du carnage.
Protégés-nous , grands Dieux !
Tombés , audacieux.
(*Tandis que RODOALD combat RICIMER en tête ,*
SANDOMIR le prend en flanc.)
RODOALD à RICIMER.
Rends-toi ; rends ton épée.
RICIMER.
O rage !
(*On le désarme : le combat cèsse : les Ingrois*
sont repoussés.)
ERNELINDE.
Inflexible ennemi, te voilà donc vaincu !

R I C I M E R.

Qu'on me donne la mort; épargnés-moi l'outrage :
Vous l'emportés; j'ai trop vécu.

R O D O A L D.

Qu'on l'entraîne.

S A N D O M I R.

(aux DANOIS.) (à RICIMER.)
             Arrêtés. Ton cœur fut magnanime ;
Je t'aimai, je l'ai dû : tu m'as voulu haïr ;
     Mais ton amour a fait ton crime,
     Et ce n'est pas à moi de t'en punir.

R O D O A L D.

O mon fils ! ta vertu m'éclaire.

R I C I M E R.

Où fuis-je ?.. Sandomir, ami trop généreux,
Tu lances dans mon fein un rayon de lumière
     Qui le pénetre & défille mes yeux.

S A N D O M I R , à RODOALD.

Refpectable vieillard , remonte fur ton trône.

R O D O A L D.

Il m'eft plus doux d'y couronner mon fils.

S A N D O M I R.

Moi ! Seigneur ?

R O D O A L D.

                 Je te l'ordonne.
S A N D O M I R ,

SANDOMIR, à *RICIMER*.

Raſſemble tes guerriers, retourne en ton pays.

RICIMER.

Oui, j'y vais annoncer ma volonté ſuprême :
J'entends déjà mon peuple applaudir à mon choix.
Je veux, qu'après ma mort, mon riche diadême
S'uniſſe, ſur ton front, à celui des Danois.

RODOALD, à *RICIMER*.

Le ciel a parlé par ta voix.

(à *SANDOMIR*.)

Réunis ſous tes loix les peuples les plus brâves ;
Jouis, jeune guerrier, du plus illuſtre ſort :
Et, ſouverain des Scandinâves,
Sois le premier héros des couronnes du nord.

Peuples, ſoûmis à ſa puiſſance,
Venés, par vos reſpects, conſacrer cet inſtant :
Pour mériter ſa bienfaiſance,
Des dons que le ciel vous diſpenſe ;
Dépoſés à ſes piés le tribut éclatant.

(*ENTRÉE des* PEUPLES *Norvegiens,* Suedois*,*
Danois *, qui apportent différents préſents aux piés de*
SANDOMIR & d'ERNELINDE.)

K

(*ENTRÉE de* COSAQUES *, de* TARTARES *&
de* LAPONS *, divifés par quadrilles.*)

(*On danfe.*)

UNE *NORVEGIENNE.*

Viens dans ces lieux regner, avec les Grâces;
Tendre Amour, enchaîne nos cœurs.
Les plaifirs volent fur tes traces ;
Tu fais du nord fondre les glaces ;
Tu fais par-tout naître des fleurs.
Viens dans ces lieux regner , avec les Grâces;
Tendre Amour, enchaîne nos cœurs.

Envain dans nos climats fauvages,
Dieu charmant, on voudroit te fuir :
Le moment où tu nous engages,
Eft toûjours celui du plaifir.

Viens dans ces lieux, *&c.*

(*Ballet général.*)

C H Œ U R.

Jeune guerrier, enchaîne la victoire;
Fais fleurir les arts dans la paix ;
Regne fur nous par tes bienfaits;

Que l'on chante en tous lieux ta gloire.
Toûjours heureux, fois à la fois,
L'amour de tes fujèts & l'exemple des rois.

FIN DE LA TRAGÉDIE.

APPROBATION.

J'Ai lu, par ordre de Monfeigneur le Vice-Chancelier, *ERNELINDE*, Tragédie-Lirique. L'impreffion en peut être permife. A Verfailles ce vingt-neuf Octobre 1767.

DE MONCRIF.